Roswitha Wurm • Gabriele Marcini

Kinder fördern leicht gemacht

AKUSTIKSPIELE

Richtig hören und verstehen

Lese-Rechtschreib-Training
1. – 4. Schulstufe

G&N

INHALT

EINLEITUNG

Alle Spiele in dieser Sammlung dienen der Förderung der akustischen (= das Hören betreffenden) Unterscheidung von Buchstaben und Lauten (akustische Differenzierung).
Einige Spiele helfen zusätzlich dabei, sich Gehörtes besser zu merken (= akustisches Gedächtnis).
Die akustische Differenzierung und das akustische Gedächtnis sind wichtige Wahrnehmungsbereiche für den Schrift- und Spracherwerb.
Wörter können nur dann richtig wiedergegeben werden, wenn sie auch richtig gehört und voneinander unterschieden werden.
Diese Spiele richten sich in erster Linie an Kinder, die in diesen akustischen Bereichen Schwierigkeiten haben.
Grundsätzlich eignen sie sich aber ebenso für den allgemeinen Deutschunterricht, da die Lautunterscheidung die Basis für den Schreib- und Leselernprozess darstellt.
Besonders empfehlenswert sind die Spiele auch für Kinder mit Deutsch als Fremdsprache.
Lernen soll auch immer Spaß machen.
Diese Spiele helfen dabei, dass Lernen nicht nur eine trockene Angelegenheit ist.
Durch abwechslungsreiche, einfache Übungen werden die einzelnen Bereiche trainiert.
Spiele ohne Symbole (= Buchstaben, Zahlen) können mit Spielen mit Symbolen abgewechselt werden.

Ein praktischer Tipp zu den Spielmaterialien:
Alle Akustikspiele in diesem Heft und im Band „Akustikspiele – Richtige Reihen bilden) sind Kopiervorlagen.
Es empfiehlt sich, die Spiele jeweils auf verschiedenfarbigen Hintergrund zu kopieren.
Da Kinder gerne mit bunten Materialien arbeiten, können die Bildkärtchen farbig ausgemalt werden.
Die ausgeschnittenen Kärtchen sollten anschließend foliert werden, damit sich die Spielkarten nicht so rasch abnützen.
Wenn Sie kein Foliergerät besitzen, können die Bögen auch zwischen selbstklebende Folie geklebt und dann zugeschnitten werden.
Wir wünschen viel Freude und Eifer beim Spielen!

Roswitha Wurm und Gabriele Marcini

GERÄUSCHMEMORY

Man benötigt:
20 leere Filmdöschen oder Überraschungseierkapseln,
2 Münzen,
Reiskörner,
2 kleine Glöckchen,
2 Kieselsteinchen,
2 Büroklammern,
2 Glasmurmeln,
2 Reißnägel,
2 Papierkügelchen,
ein paar Bleistiftmienen,
ein paar getrocknete Erbsen.

Es werden jeweils zwei Döschen mit dem gleichen Material gefüllt und gut verschlossen.
Nun mischt man die Döschen durcheinander.
Das Kind sucht nun die beiden zusammengehörenden Döschen durch Hören!
Es schüttelt jeweils ein Döschen, merkt sich das Geräusch und versucht durch das Schütteln der anderen Döschen das dazupassende zu finden.
Wenn das Kind alle Paare gefunden hat, darf es die Döschen öffnen und prüfen, ob es die richtigen gefunden hat.
Das Spiel kann sowohl alleine als auch in der Gruppe gespielt werden.

GERÄUSCHKARTEN

Vorbereitung:
Bildkärtchen (Geräusche) ausschneiden.

Man benötigt:
die auf den Kärtchen abgebildeten Gegenstände

Die Kärtchen werden offen vor dem Kind auf den Tisch gelegt.
Das Kind muss nun auf das passende Kärtchen zeigen.

Variante A:
Die Gegenstände werden im Nebenraum in verschiedener Reihenfolge angewendet.
Das Kind nimmt die passenden Kärtchen und legt sie in die richtige Reihenfolge.
Der Erwachsene überprüft die Reihenfolge.

Variante B:
Das Kind darf die Geräusche machen, der Erwachsene muss die richtige Reihenfolge heraushören.
Das Kind überprüft.

Das Spiel kann sowohl mit einem Kind als auch in einer Gruppe gespielt werden.

GERÄUSCHE – SYMBOLE ZUORDNUNGSSPIEL

Vorbereitung:
Kärtchen mit den Symbolen Dreieck, Kreis und Stern ausschneiden.

Die Symbole stehen jeweils für eine Geräuschart:
Kreis = Klatschen
Dreieck = mit flacher Hand auf den Tisch schlagen
Stern = auf den Tisch klopfen

Bevor mit dem eigentlichen Spiel begonnen wird, übt man mit dem Kind die jeweilige Bedeutung der einzelnen Symbole.
Erst wenn das Kind sich diese gemerkt hat, wird das Spiel in einer der drei Varianten gespielt.

Variante A:
Hier werden die Kärtchen mit jeweils einem Symbol verwendet.

a) Der Erwachsene zeigt nun eines der Kärtchen.
   Das Kind muss das richtige Geräusch dazu machen.
   Zeigt der Erwachsene z. B. den Stern, klopft das Kind auf den Tisch usw.
b) Der Erwachsene macht eines der vereinbarten Geräusche, klatscht etwa in die Hände.
   Das Kind zeigt auf die Karte mit dem Kreis.
   Der Erwachsene schlägt mit der flachen Hand auf die Tischplatte.
   Das Kind zeigt die Karte mit dem Dreieck usw.

Variante B:
Hier werden die Kärtchen mit mehreren Symbolen verwendet.
Ziel dieser Spielstufe ist es, sich Geräuschabfolgen zu merken.

a) Ist etwa auf dem Kärtchen ein Kreis, ein Dreieck, ein Stern und ein Kreis abgebildet, muss das Kind klatschen, mit der flachen Hand auf den Tisch schlagen, auf den Tisch klopfen und klatschen.
b) Schwieriger wird es, wenn der Erwachsene die Geräuschabfolgen vormacht und das Kind das passende Kärtchen (alle Kärtchen sind offen am Tisch aufgelegt) finden muss.

Das Spiel kann sowohl mit einem Kind als auch in der Gruppe gespielt werden.

Variante C:
Diese Variante ist speziell für Kinder mit einer (zusätzlichen) Rechenschwäche geeignet.

Benötigt werden 3 Überraschungseierkapseln,
die mit jeweils einem anderen Gegenstand (Geräuschmemory) gefüllt sind,
oder Sie verwenden die Würfelfaltbögen und befüllen die zusammengesteckten Würfelboxen.
Gut eignen sich: eine Glasmurmel, Reiskörner und eine Münze.

Bewegt man nun die Kapseln auf und ab, hört man ein spezielles Geräusch,
dem man eine bestimmte Zahl zuordnet.
Man vereinbart etwa mit dem Kind, dass Glasmurmel = 3, Reiskörner = 5 und Münzen = 7
bedeutet. Zunächst führt man Additionen durch.
Der Erwachsene schüttelt die Reiskörnerdose und dann die Münzen, also 5 + 7,
das Kind antwortet: „12“.
Dieses Spiel lässt sich mit allen Grundzahlen (0 bis 9) und allen vier Rechnungsarten durchführen.
Beherrscht das Kind dieses Spiel mit drei Döschen gut,
kann man auf weitere Geräuschdöschen erweitern (Geräuschmemory).
So macht Rechnen Spaß!

Das Spiel kann sowohl mit einem Kind als auch in der Gruppe gespielt werden.

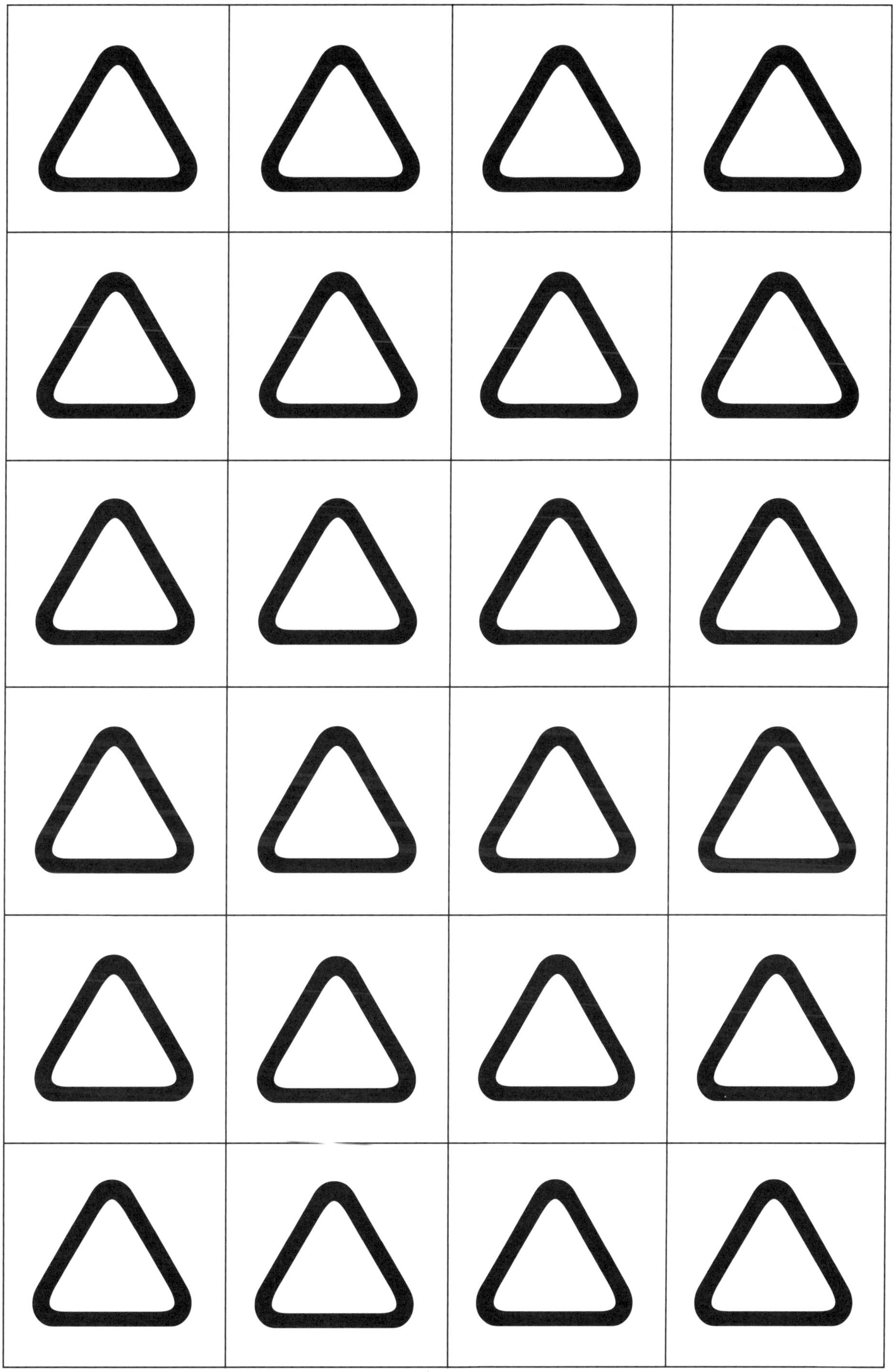

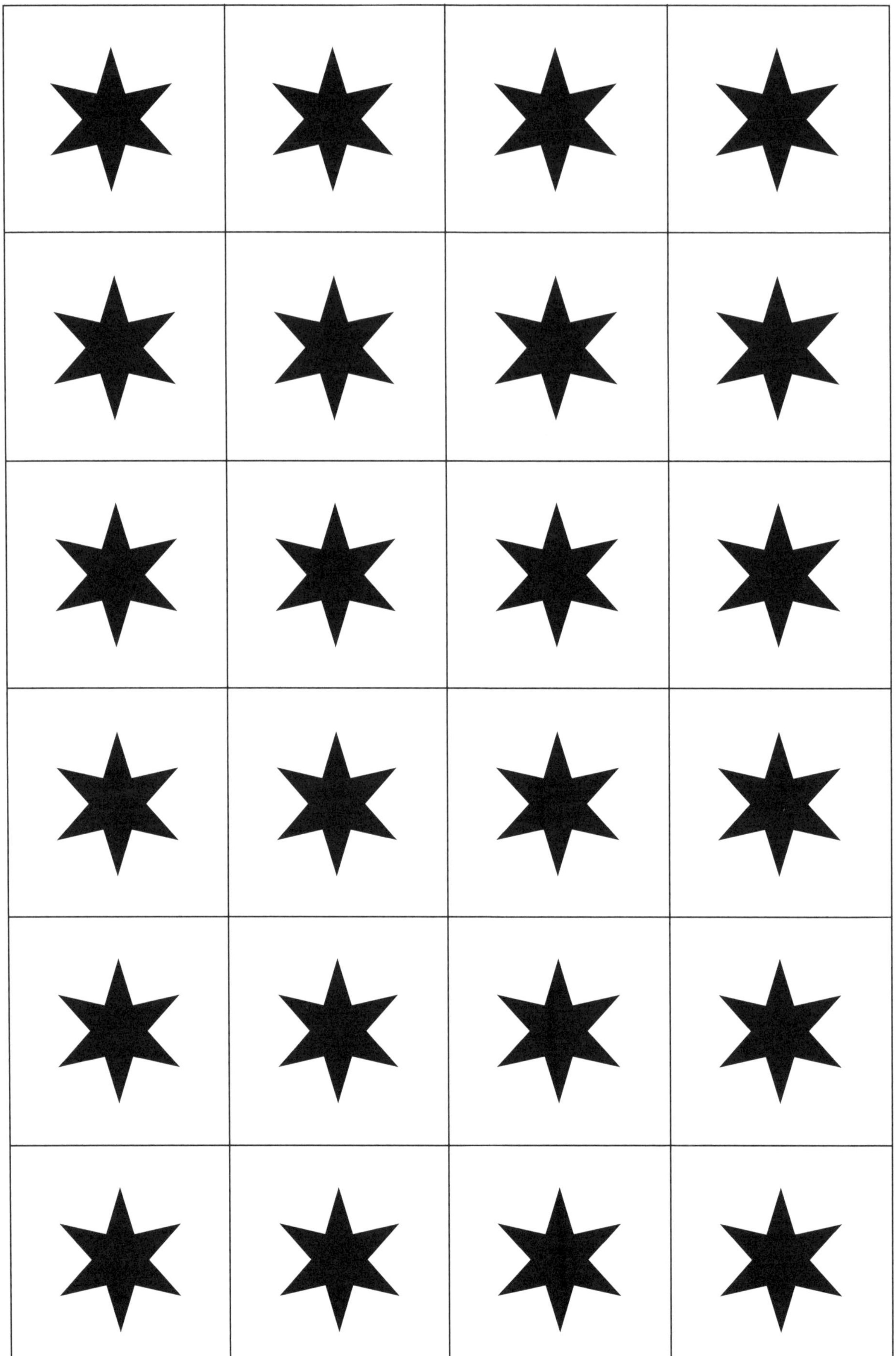

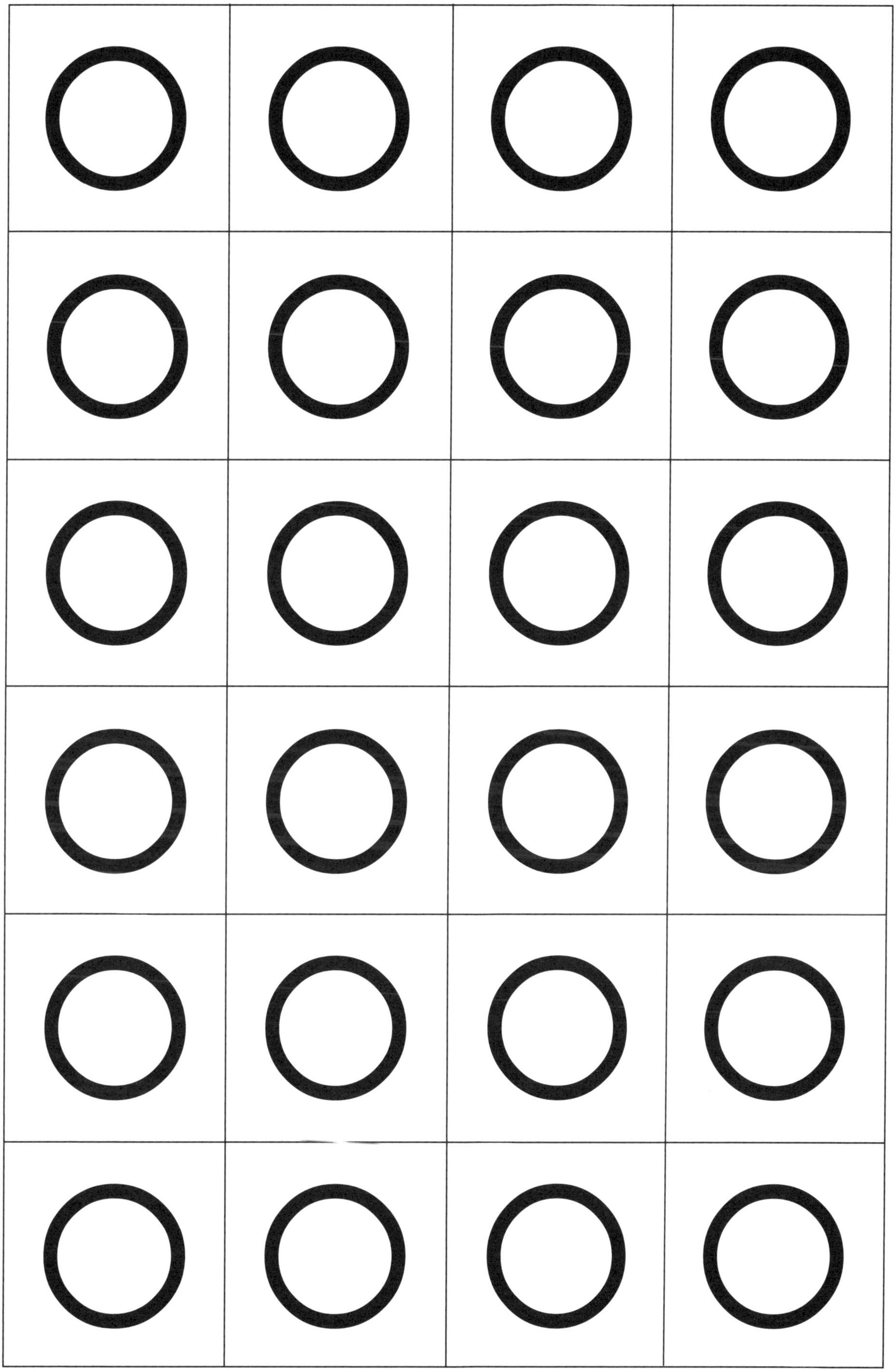

△ ★ ○ ○	○ △ ★ △	△ △ ○ ★
★ ○ △ ★	△ ★ ○ △	○ △ ★ ○
○ ○ △ ★	★ ★ △ ○	★ ○ ○ △
△ ○ △ ★	○ ★ △ ★	★ ○ △ △
△ ○ △ ○	○ ○ ★ ★	△ ★ ○ ★
★ △ ○ ★	△ ★ △ ○	○ ★ ○ ★
△ ○ ○ △	△ ★ ★ ○	○ ★ ★ △
△ ○ ○ ★	★ ○ △ ○	○ ★ △ ○

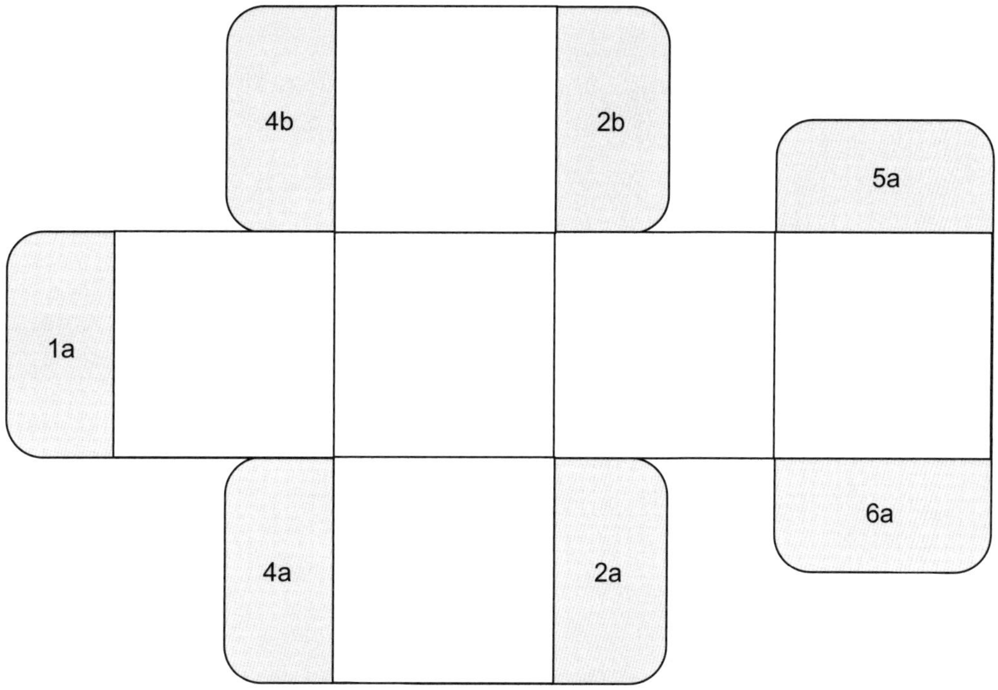
4b
2b
5a
1a
6a
4a
2a

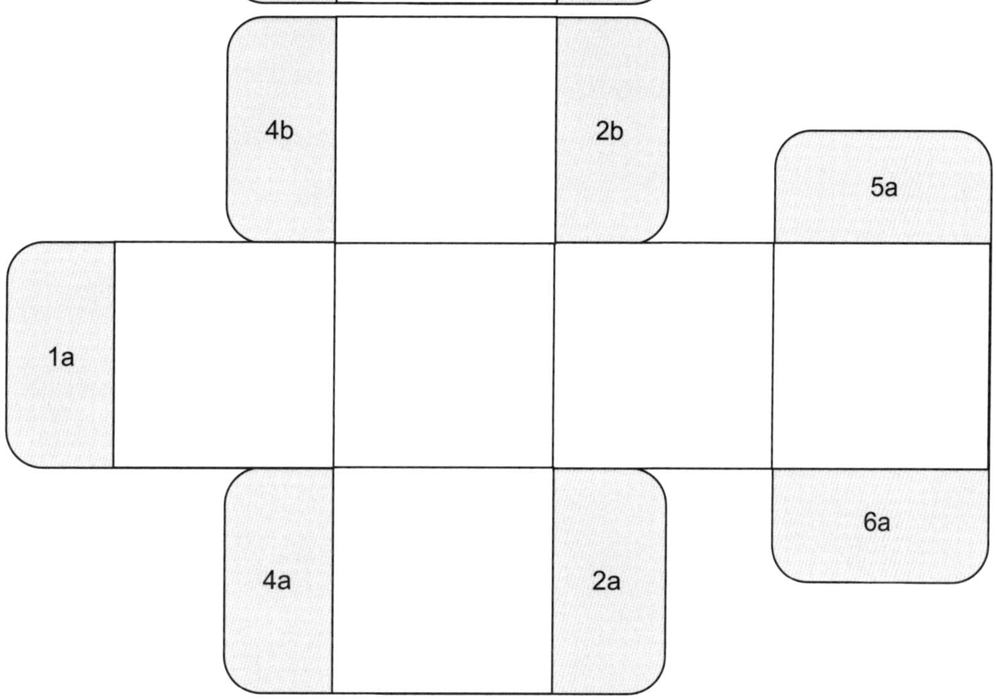
4b
2b
5a
1a
6a
4a
2a

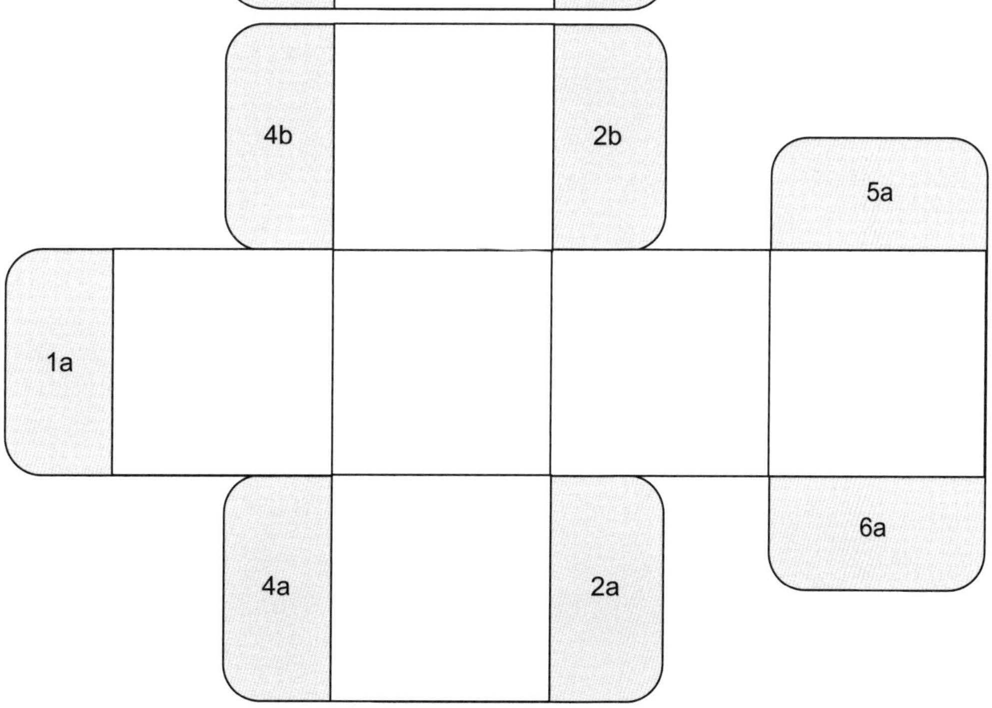
4b
2b
5a
1a
6a
4a
2a

UNSINNWÖRTER

Vorbereitung:
Die Karten mit „Unsinnwörtern“ werden ausgeschnitten.

Benötigt werden die Unsinnwörterkarten und der Handzettel.
Zusätzlich eine kleine Spielfigur in beliebiger Farbe.

Der Erwachsene nimmt den Handzettel und liest jeweils ein Kästchen mit Unsinnwörtern vor.
Jeweils ein Unsinnwort liest er zweimal (nicht aufeinanderfolgend) vor.
Dann reicht der Erwachsene dem Kind die passende Spielkarte.
Das Kind muss mit der Spielfigur auf das doppelt gelesene Wort fahren.

Dieses Spiel ist besser für das Einzeltraining geeignet.

Unsinnwörter

fragima	dalawa	guna	kara
frugita	sallawa	duna	mara
framana	gallawa	kuna	sara
frigama	mallawa	suna	nara
fragimi	kallawa	wuna	dara
frumina	hallawa	nuna	gara
framita	fallawa	muna	lara

latta	lege	ferite	barabi
katta	hege	gerite	haribi
satta	gege	herite	saibi
watta	sege	jerite	faribi
datta	kege	lerite	laribi
natta	rege	nerite	naribi
matta	wege	merite	maribi

ligi	tollo	tasso	ratzo
digi	sollo	masso	fatzo
gigi	nollo	wasso	hatzo
zigi	wollo	sasso	patzo
figi	kollo	gasso	latzo
ribi	gollo	zasso	jatzo
libi	bollo	hasso	satzo

zugu	hulibu	potalo	puribu
nugu	zuligu	gotalo	zuribu
jugu	dulibu	hotalo	nuribu
pugu	goligu	botalo	kuribu
tugu	nuligu	motalo	suribu
lagu	dagilu	totalo	furibo
fagu	baligu	fotalo	luribo

lerida	topuri	managa	bebula
kerida	topiru	munaga	bebuli
derida	topari	minaga	bebalu
jerida	toporu	maniga	bebali
serida	topira	minuga	bebila
berida	topiro	muniga	bebilu
terida	topori	manoga	bebili

fragima	dalawa	guna	kara
frugita	sallawa	duna	mara
framana	gallawa	kuna	sara
frigama	mallawa	suna	nara
fragimi	kallawa	wuna	dara
frumina	hallawa	nuna	gara
framita	fallawa	muna	lara

latta	lege	ferite	barabi
katta	hege	gerite	haribi
satta	gege	herite	saibi
watta	sege	jerite	faribi
datta	kege	lerite	laribi
natta	rege	nerite	naribi
matta	wege	merite	maribi

ligi	tollo	tasso	ratzo
digi	sollo	masso	fatzo
gigi	nollo	wasso	hatzo
zigi	wollo	sasso	patzo
figi	kollo	gasso	latzo
ribi	gollo	zasso	jatzo
libi	bollo	hasso	satzo

zugu	hulibu	potalo	puribu
nugu	zuligu	gotalo	zuribu
jugu	dulibu	hotalo	nuribu
pugu	goligu	botalo	kuribu
tugu	nuligu	motalo	suribu
lagu	dagilu	totalo	furibo
fagu	baligu	fotalo	luribo

lerida	topuri	managa	bebula
kerida	topiru	munaga	bebuli
derida	topari	minaga	bebalu
jerida	toporu	maniga	bebali
serida	topira	minuga	bebila
berida	topiro	muniga	bebilu
terida	topori	manoga	bebili

BUCHSTABEN- UND BILDKARTENSPIELE

Vorbereitung:
Buchstabenkarten und Bildkarten ausschneiden.

Variante A:
Legen Sie die Buchstabenkarten und die Bildkarten offen auf dem Tisch auf.
Das Kind soll für die einzelnen Bilder den jeweils passenden Anfangsbuchstaben finden (A zu Apfel, M zu Melone usw.).
Das Kind soll den Buchstaben und das Wort laut dazu sprechen.

Variante B:
Vorbereitung:
Ausschneiden der Kärtchen (A, M, E – Anfang, Mitte, Ende).
Benötigt werden zusätzlich die Bildkarten.

Das Kind hat vor sich die Karten mit A, M und E liegen.
Der Erwachsene hat die Bildkarten vermischt als Stapel vor sich liegen.
Er hebt die oberste Karte ab (z. B. die Trommel).
Nun fragt er das Kind: „Wo hörst du in diesem Wort das L?“
Das Kind zeigt auf die Karte mit dem E (für Ende).
Dann nimmt der Erwachsene das nächste Bildkärtchen, etc.

Variante C:

Benötigt werden die Bildkärtchen.

Vorbereitung:

Die Bildkärtchen werden mit der Bildseite nach oben vermischt am Tisch aufgelegt.

Bei dieser Variante gilt es, den Vorgänger bzw. den Nachfolger im Alphabet zu finden.
Das Kind nimmt sich ein beliebiges Kärtchen (z. B. die Karte mit dem Hammer).
Das Kind sagt nun: „Der Anfangsbuchstabe von Hammer lautet H."
Der Vorgänger im Alphabet ist das „G".
Nun sucht es die passende Bildkarte: Geld.
Dann sucht es den Nachfolger von „H" im Alphabet: das „I", also die Karte mit dem Igel.

Dieses Spiel ist nicht leicht! Bitte helfen Sie dem Kind dabei.
Sollte das Kind das Alphabet noch nicht beherrschen,
legen Sie für das Kind die Buchstabenkarten in alphabetischer Reihenfolge auf,
damit sich das Kind daran orientieren kann.
Den Trainingseffekt im akustischen Bereich hat dieses Spiel trotzdem!

Diese Spiele sind wieder sowohl für das einzelne Kind als auch für die Kleingruppe geeignet.
Effektiver ist bei dieser Lautschulung allerdings das Einzeltraining!

A	B	C	D	E
F	G	H	I	J
K	L	M	N	O
P	Q	R	S	T
U	V	W	X	Y
Z				

Anfang	Mitte	Ende
A	M	E

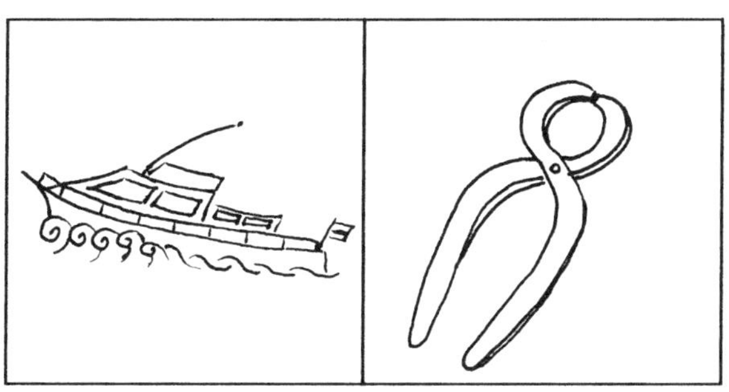

WORTZWILLINGE

Vorbereitung:
Ausschneiden der Kärtchen mit den Wortzwillingen. Bereitstellen einer Spielfigur.

Das Spiel wird wie das „Unsinnwörter"-Spiel durchgeführt.

Der Erwachsene nimmt die gegenüberliegende Seite mit den „Wortzwillingen" zur Hand.
Er liest eine Wortkombination vor.
Eines der Wörter liest er doppelt.
(Der Erwachsene muss sich merken, welches er doppelt gelesen hat!)
Dem Kind reicht er das passende Kärtchen.
Das Kind fährt nun mit der Spielfigur auf das Wort, das doppelt gelesen wurde.

Als Schwierigkeitssteigerung werden mehrere Kärtchen offen aufgelegt.
Das Kind sucht die passende Wörterkombination und dann das doppelt gelesene Wort.

Dieses Spiel eignet sich aufgrund der großen erforderlichen Aufmerksamkeit
eher für das Einzeltraining.

Baum	Keller	Raten	loben
Zaum	Teller	braten	toben
Saum	Heller	Garten	oben
kaum	Welle	Karten	robben
Raum	Kelle	warten	hoben
Traum	Säle	fragen	Kloben
Frau	Delle	tragen	Wogen

Magen	zogen	weichen	Quasten
sagen	sogen	zeichnen	Kasten
klagen	toben	gleichen	tasten
jagen	glauben	streichen	hasten
nagen	hoben	beichten	Lasten
ragen	sagen	reichen	Masten
fragen	bogen	bleichen	rasten

blind	Fisch	Topf	flehen
Kind	Tisch	Kopf	verstehen
Wind	zisch	Hopfen	gehen
Rind	Stich	klopfen	wehen
Grind	mich	stopfen	drehen
lind	dich	Socken	fegen
sind	Kitsch	Gupf	legen

haben	Nuss	ölen	Bauer
sagen	Kuss	grölen	Mauer
jagen	Schluss	kühlen	Dauer
klagen	Gruß	fühlen	sauer
fragen	Fuß	drüben	Feuer
tragen	Ruß	Flügel	heuer
vertragen	Bus	Kübel	Lauer

klauen	Tiegel	Stelle	Wände
brauen	Bibel	Delle	fände
dauern	Kübel	Heller	Bänder
lauern	Hügel	Kelle	Länder
zaudern	Fibel	Felle	Ränder
mauern	Krügel	Pelle	Sender
bauen	Biber	Keller	Hände

Baum	Keller	Raten	loben
Zaum	Teller	braten	toben
Saum	Heller	Garten	oben
kaum	Welle	Karten	robben
Raum	Kelle	warten	hoben
Traum	Säle	fragen	Kloben
Frau	Delle	tragen	Wogen

Magen	zogen	weichen	Quasten
sagen	sogen	zeichnen	Kasten
klagen	toben	gleichen	tasten
jagen	glauben	streichen	hasten
nagen	hoben	beichten	Lasten
ragen	sagen	reichen	Masten
fragen	bogen	bleichen	rasten

blind	Fisch	Topf	flehen
Kind	Tisch	Kopf	verstehen
Wind	zisch	Hopfen	gehen
Rind	Stich	klopfen	wehen
Grind	mich	stopfen	drehen
lind	dich	Socken	fegen
sind	Kitsch	Gupf	legen

haben	Nuss	ölen	Bauer
sagen	Kuss	grölen	Mauer
jagen	Schluss	kühlen	Dauer
klagen	Gruß	fühlen	sauer
fragen	Fuß	drüben	Feuer
tragen	Ruß	Flügel	heuer
vertragen	Bus	Kübel	Lauer

klauen	Tiegel	Stelle	Wände
brauen	Bibel	Delle	fände
dauern	Kübel	Heller	Bänder
lauern	Hügel	Kelle	Länder
zaudern	Fibel	Felle	Ränder
mauern	Krügel	Pelle	Sender
bauen	Biber	Keller	Hände

Silbenspiel

Vorbereitung:
Ausschneiden der Silbenbildkärtchen, der Silbenwortkärtchen und des Würfels mit den Zahlen 1 bis 5 und dem lachenden Gesicht (= Joker).

Tipp zum Würfelbasteln:
Schneiden Sie das Würfelnetz aus, biegen und falzen Sie die Linien.
Dann braucht der Würfel nur mehr zusammengesteckt werden. Es ist kein Kleben nötig!

Variante A:
Legen Sie die Silbenbildkärtchen offen auf den Tisch. Das Kind würfelt nun mit dem Zahlenwürfel. Es muss ein Wort mit der gewürfelten Silbenanzahl finden. Würfelt es etwa eine 4, dann sucht es z. B. das Wort Re-gen-bo-gen. Würfelt das Kind das lachende Gesicht, darf es sich eine Silbenzahl aussuchen und dann das betreffende Wort finden.

Tipp: Lassen Sie das Kind das Wort langsam sprechen und zu den einzelnen Silben klatschen.
So prägt es sich das Gehörte besser ein!

Variante B:
Hier benötigt man die Silbenwortkärtchen.
Diese werden offen durchgemischt auf dem Tisch aufgelegt.
Das Kind nimmt wieder den Zahlenwürfel zur Hand.
Die gewürfelte Zahl gibt wieder die Silbenzahl des gesuchten Wortes an.
Würfelt das Kind etwa eine 3, dann muss es aus den einzelnen Silben ein Wort mit drei Silben (z. B. Weinrebe) zusammensetzen.
Würfelt es das lachende Gesicht (Joker) darf es selber eine Silbenzahl wählen.

Dieses Spiel eignet sich sowohl für das Einzeltraining als auch für die Gruppe.

Silbenspiel

Kartoffelsalat	Tomatensuppe
Ameisenhügel	Bananenschale
Eisenbahntunnel	Autoreifen
Fotoapparat	Gummistiefel
Fernsehantenne	Haifischflosse
Feuerwehrauto	Nadelkissen
Sekundenkleber	Waschmaschine
Marienkäfer	Badewanne
Minutenzeiger	Reisekoffer
Telefonnummer	Bienenhonig
Marmeladebrot	Einkaufswagen
Dinosaurier	Haltestelle

Erdbeertorte	Gartenzaun
Taschenlampe	Sessellift
Sonnenbrille	Motorrad
Tannennadel	Briefmarke
Zahnbürste	Blumentopf
Postkasten	Rakete
Hampelmann	Schneemann
Segelboot	Rauchfang
Karotte	Baustein
Fensterbrett	Rucksack
Kokosnuss	Seestern
Weinrebe	Handschuh

Zeitschrift	Nacht
Sturzhelm	Fisch
Turmuhr	Schild
Knopfloch	Strumpf
Kochtopf	Schuh
Baumhaus	Kraut
Rauchfang	Hemd
Geschenk	Licht
Strand	Schiff
Brett	Kraft
Schwung	Blitz
Flucht	Schrank

Kar	tof	fel	sa	lat
Ba	na	nen	scha	le
Se	kun	den	kle	ber
Te	le	fon	num	mer
Di	no	sau	ri	er
To	ma	ten	sup	pe
Ei	sen	bahn	wa	gon
A	mei	sen	hü	gel
Ma	ri	en	kä	fer
Feu	er	wehr	au	to

Au	to	rei	fen
Rei	se	kof	fer
Ba	de	wan	ne
Ta	schen	lam	pe
Hal	te	stel	le
Tan	nen	na	del
Gum	mi	stie	fel
Re	gen	bo	gen
Hai	fisch	flos	se
Ze	bra	strei	fen

Ham	pel	mann
Blu	men	topf
Wein	re	be
Post	kas	ten
Mo	tor	rad
Ra	ke	te
Zahn	bür	ste
Gar	ten	zwerg
Rit	ter	burg
Zir	kus	zelt

Son	ne		Hund
Zie	ge		Park
Pin	sel		Krug
Fen	ster		Buch
Him	mel		Pilz
Lam	pe		Herz
Blu	me		Baum
Vo	gel		Ball
Ker	ze		Ring
Mes	ser		Turm

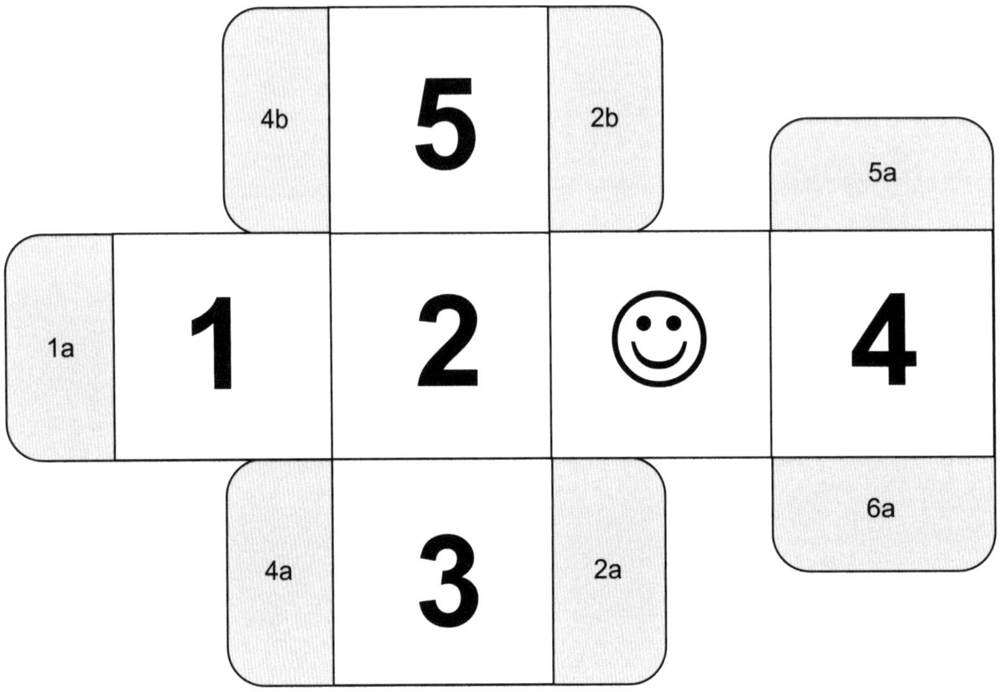
4b
5
2b
5a
1a
1
2
4
4a
3
2a
6a

REIMBILDER

Vorbereitung:
Ausschneiden der Reimwortbildkärtchen.

Variante A:
Die Reimwortbildkärtchen werden offen auf dem Tisch aufgelegt.
Das Kind muss nun jeweils zwei Wörter finden, die sich reimen. (z. B. Hahn – Zahn).
Das Kind nimmt jeweils eine beliebige Karte, also „Hahn“, spricht das Wort laut vor und sucht dann das richtige Paar dazu: „Zahn“.
Das Mitsprechen ist für die akustische Differenzierung sehr wichtig!

Variante B:
Die Reimwortbildkärtchen werden mit der Bildseite nach unten auf den Tisch gelegt.
Nun wird Memory gespielt, das heißt, das Reimwortpaar wird aus dem Gedächtnis gesucht.
Das Kind deckt zwei Kärtchen auf.
Wenn es sich nicht um ein Reimpaar handelt, wendet es die Karten wieder um und der Spielpartner ist an der Reihe.
Hat jemand ein Paar gefunden, ist er ein zweites Mal an der Reihe …
Es gewinnt der Spieler, der die meisten Paare gefunden hat.

Variante A eignet sich eher für das Einzeltraining,
Variante B auch für die Gruppe.

Reimbilder

REIMWÖRTER

Vorbereitung:
Ausschneiden der Reimwortkärtchen.

a) Reimwortkärtchen

Die Reimwortkärtchen werden offen auf den Tisch gelegt.
Das Kind sucht die Wortpaare, die sich reimen (z. B. „Flöte“ und „Kröte“).
Sowohl Spiel a als auch Spiel b können auch als Memory gespielt werden!
Beide Spiele sind gut für das Gruppentraining geeignet!

b) Reimwortpuzzle

Vorbereitung: Ausschneiden der Dreiecksformen.
Auch bei diesem Spiel gilt es Reimwörter zu finden.
Das Reimwortpuzzle wird in Dreiecksform zusammengefügt – jeweils Reimwort an Reimwort, z. B. „Gabel“ an „Nabel“.
Dieses Spiel kann alleine gespielt werden.
Wichtig ist auch bei dieser Variante, dass das Kind die Wörter laut mitspricht.
Wird das Spiel zu zweit oder dritt gespielt, erhält jeder 5 Dreiecke.
Ein weiteres Dreieck wird in die Mitte gelegt, die anderen beiseite.
Nun wird reihum versucht, die passenden Dreiecke (Reimwörter) anzulegen.
Kann ein Mitspieler nicht anlegen, darf er ein Dreieck aus den übrig gebliebenen ziehen.
Kann er noch immer nicht anlegen, ist der nächste an der Reihe.
Gewonnen hat der Mitspieler, der als erster keine Dreiecke mehr hat.
Oder das Spiel wird zu Ende gelegt …

Turm	Wurm	Dose
Hose	Dach	Fach
Kuh	Schuh	Haus
Maus	Buch	Tuch
Stift	Gift	Tal
Wal	Kamm	Lamm
Kanne	Wanne	Vase
Hase	Pilz	Filz
Band	Land	Kröte

Flöte	Geld	Feld
Sessel	Kessel	Schiff
Riff	Rakete	Pakete
Fisch	Tisch	Topf
Kopf	Mund	Hund
Ziege	Wiege	Stecker
Wecker	Katze	Tatze
Kasse	Tasse	Tasche
Masche	Kind	Wind

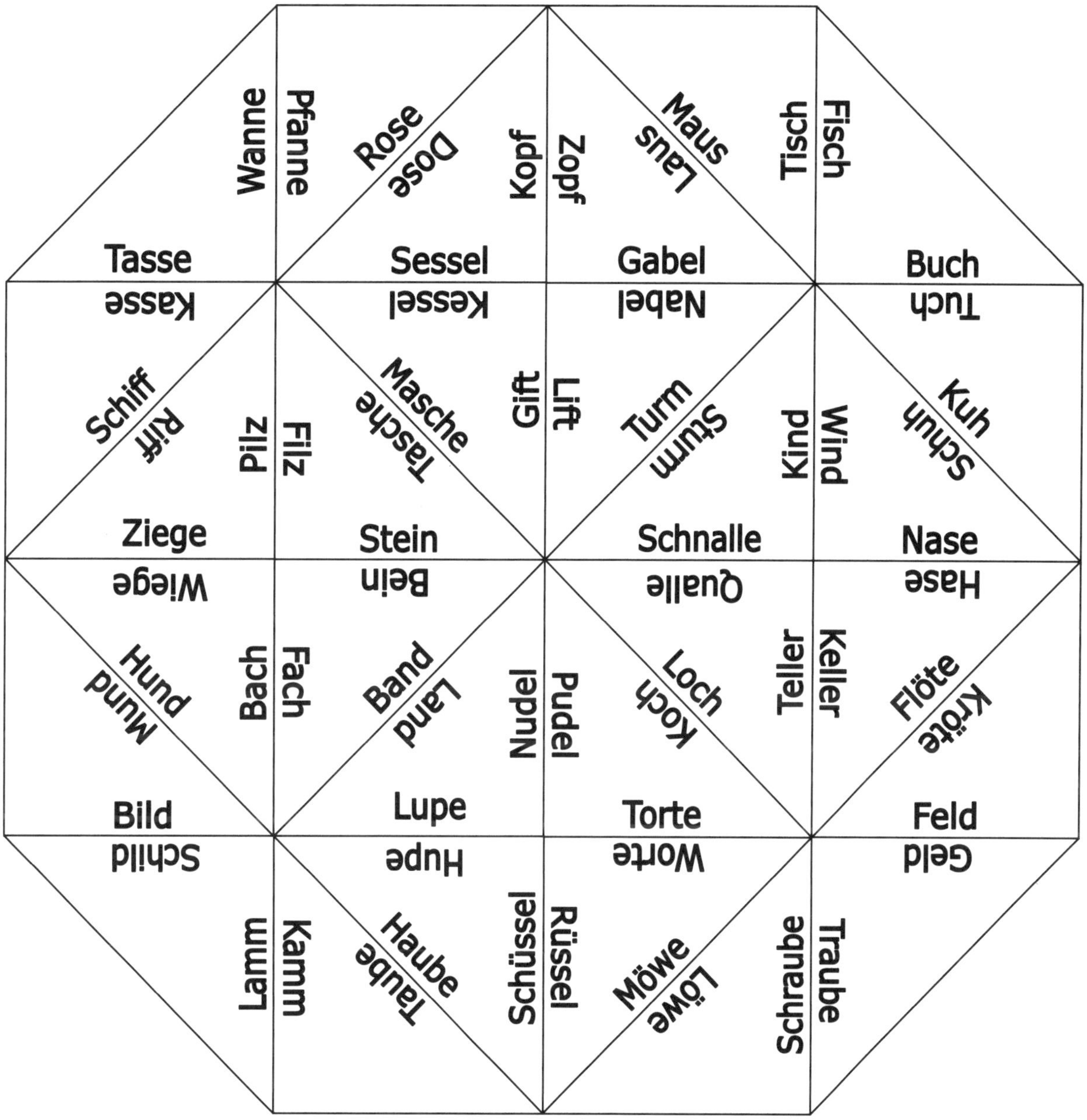
Wanne
Pfanne
Rose
Dose
Kopf
Zopf
Maus
Laus
Tisch
Fisch
Tasse
Sessel
Gabel
Buch
Kasse
Kessel
Nabel
Tuch
Schiff
Riff
Pilz
Filz
Masche
Tasche
Gift
Lift
Turm
Sturm
Kind
Wind
Kuh
Schuh
Ziege
Stein
Schnalle
Nase
Wiege
Bein
Qualle
Hase
Hund
Mund
Bach
Fach
Band
Land
Nudel
Pudel
Loch
Koch
Teller
Keller
Flöte
Kröte
Bild
Lupe
Torte
Feld
Schild
Hupe
Worte
Geld
Lamm
Kamm
Haube
Taube
Schüssel
Rüssel
Möwe
Löwe
Schraube
Traube

LANG ODER KURZ?

Vorbereitung:
Ausschneiden der Wortkarten, des Selbstlautewürfels (a, e, i, o, u und lachendes Gesicht) und des Lang-Kurz-Würfels (Punkt/Strich).
Die Würfelnetze lassen sich wieder einfach zusammenstecken und müssen nicht geklebt werden.

In diesem Spiel gilt es kurze und lange Selbstlaute zu unterscheiden.
Die Wortkarten werden offen auf den Tisch gelegt.
Das Kind würfelt mit beiden Würfeln.
Der Selbstlautwürfel gibt den gesuchten Laut an
(das lachende Gesicht ermöglicht die freie Wahl eines Selbstlautes).
Der Lang-Kurz-Würfel gibt an, ob ein langer Laut (Strich) oder ein kurzer Laut (Punkt) gesucht ist.
Wirft das Kind z. B. ein „a“ und einen „Punkt“, dann sagt es z. B. „Lampe“,
weil das „a“ im Wort „Lampe“ kurz ausgesprochen wird.

Dieses Spiel lässt sich sowohl im Einzeltraining als auch in der Gruppe spielen.

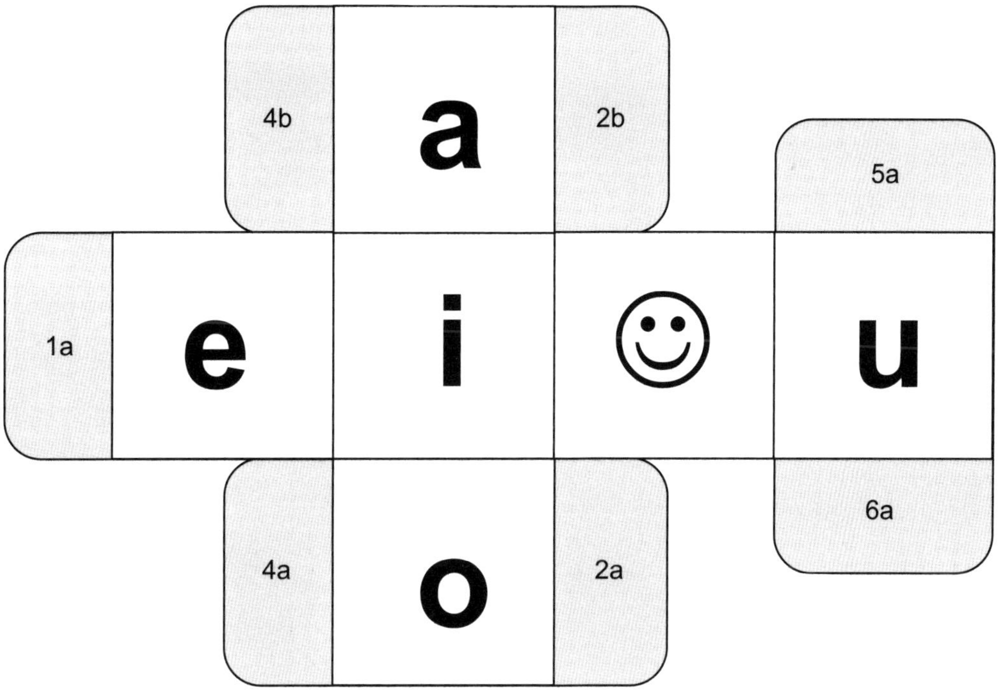
4b
a
2b
5a
1a
e
i
u
4a
o
2a
6a

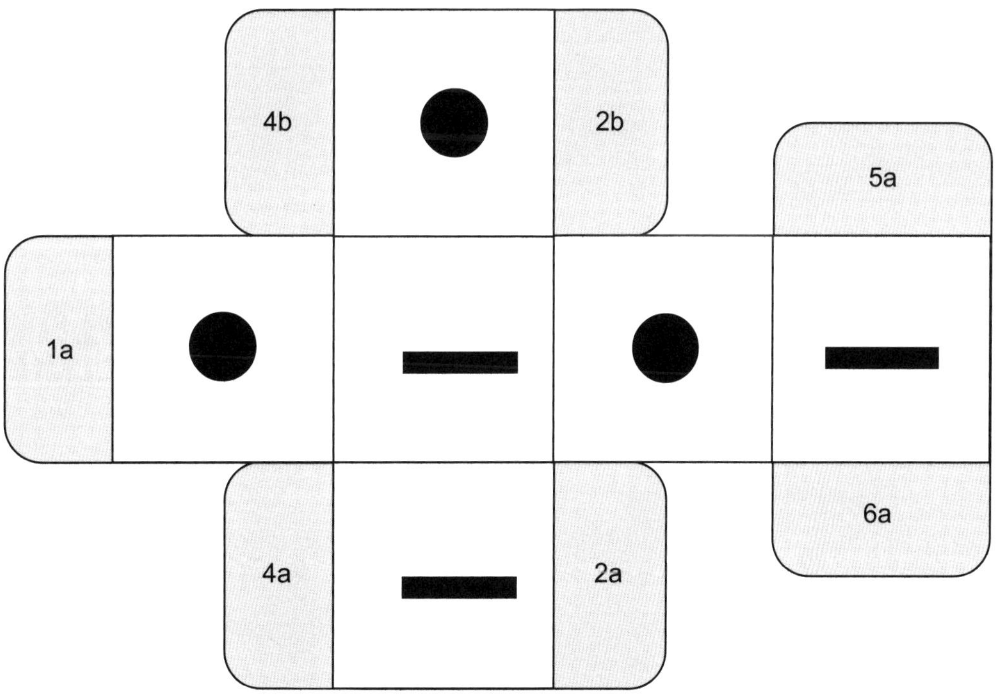
4b
2b
5a
1a
4a
2a
6a

Hummel	Huhn	Futter
Schuh	Puppe	Stuhl
Schmutz	Ruhm	Butter
Uhr	Rolle	Brot
Flotte	Sohle	Koffer
Floh	Gott	Hof
Tonne	Fohlen	Nonne
Kohle	Rille	Biene
Ritter	Tier	Stimme

Riese	Hitze	Dieb
Wille	Ziege	Sinn
Bier	Klette	Sehne
Brett	Lehrer	Herr
Fehler	Keller	Kehle
Rettung	Lehne	Ratte
Rahm	Stall	Fahne
Ball	Sahne	Flagge
Bahn	Kasse	Saat

Bibliografische Information Der Deutschen Bibliothek

Die Deutsche Bibliothek verzeichnet diese Publikation in der Deutschen Nationalbibliografie;
detaillierte bibliografische Daten sind im Internet über http://dnb.ddb.de abrufbar.

1. Auflage 2007 (1,00)

Illustrationen: Gabriele Marcini
Umschlaggestaltung, Satz und Layout: Sabine Diemling

Printed in Europe
ISBN 978-3-7074-0500-2